Asia-Häppchen

AUTORIN: MARGIT PROEBST | FOTOS: ULRIKE SCHMID, SABINE MADER

Praxistipps

Extra

Rezepte

8 Von der Hand in den Mund

24 Gelöffelt und aufgegabelt

36 Zart umhüllt und gefüllt

Asiatische Kleinigkeiten ganz groß

Streetfood – immer und überall

Wer gerne in ferne Länder reist, wird viele davon wieder erkennen: In Asien gibt's die feinen Häppchen an jeder Straßenecke. Straßenhändler mit mobilen Grillwagen, Frittierkesseln und Suppentöpfen versorgen jedermann mit den kleinen Köstlichkeiten für zwischendurch. Sie werden einfach in handliche Plastiksäckchen gesteckt, etwas Dip darauf, und schon zieht man mit seiner »Beute« ab, um sie in einer ruhigen Ecke mit Genuss zu verspeisen. Ganz so einfach ist es bei uns nicht, an die begehrten Leckereien zu gelangen. Obwohl auch hier zu Lande, zumindest in den Großstädten, so mancher Asien-Imbiss die Marktlücke bereits erkannt hat. Doch selbst gemacht schmeckt's bekanntlich noch mal so gut! Mithilfe der Rezepte und der ausführlichen Step-by-step-Anleitungen werden Sie im Handumdrehen thailändische Frühlingsröllchen, indische Samosas und japanische Sushi zubereiten wie ein Profi. Die originalen Zutaten und Gewürze dafür bekommen Sie in Asienläden, vieles sogar im Asienregal im Supermarkt. Doch ist der nächste Asienladen weit? Vieles können Sie im Internet bestellen: Bei www.gourmondo.de und www.asia-online-shop.de werden Sie fündig.

Feines für Gäste

Ganz gleich, ob Sie einen exotischen Snack zum Aperitif suchen oder Ihre Gäste mit einem kompletten Häppchen-Büfett verwöhnen möchten – im Rezeptteil ab Seite 8 finden Sie sicher das Geeignete. Wir haben für Sie die Rezepte der beliebtesten Snacks Asiens zusammengestellt und ein paar neue dazukreiert.

Die **Portionsangaben** entsprechen kleinen Snack-Portionen. Als Häppchen zum Aperitif genügt eine Sorte und 2–3 Stück pro Person. Sollen Ihre Gäste satt werden, dann rechnen Sie pro Person z. B. 1 Süppchen, 1–2 Salate, 4–5 Röllchen oder Plätzchen mit Dip und 3–4 Spießchen.

Der richtige Mix

Etwas Scharfes und Mildes, etwas Leichtes und Frittiertes, ein wenig Fleisch, Fisch und Gemüse – in Asien liebt man die Geschmacksvielfalt. Damit Sie selbst etwas von Ihrem Fest haben und sich entspannt um Ihre Gäste kümmern können, treffen Sie eine kluge Rezeptauswahl: Kombinieren Sie 1–2 aufwändigere Gerichte mit einigen schnell gemachten Häppchen. Ein Blick auf die Zubereitungszeiten hilft Ihnen bei der Zeitplanung.

Asia-Häppchen perfekt präsentiert

Löffel-Snacks Das sieht aber verführerisch aus! Davon hätte ich gerne nur ein Löffelchen. Für diese Gäste präsentieren Sie die Häppchen zum Aperitif am besten gleich in Mini-Portionen, die mit einem Happs im Mund verschwinden. Asiatische Suppenlöffel, die Sie für wenig Geld im Asienladen bekommen, sind dafür perfekt! Fein belegt und hübsch auf einer Platte oder einer Etagere arrangiert, sind sie echte Hingucker.

Bananenblätter Sie können sie als Tischdecke verwenden, Platten und Teller damit belegen oder Schälchen für Salate und Dips daraus basteln (S. 57). Bananenblätter, dazu ein paar Orchideenblüten, verleihen Ihrem Snack-Büfett ein zauberhaft-exotisches Flair. Lassen Sie sich im Asienladen die gewünschte Menge abschneiden; abgerechnet wird nach Gewicht.

Suppentässchen
Die Snack-Portionen der Asia-Süppchen machen sich in kleinen Tassen oder hitzebeständigen Gläschen mit 100–120 ml Füllmenge am besten. Wärmen Sie Mini-Gefäße vor und füllen Sie das Süppchen erst kurz vor dem Servieren ein. Suppen ohne Einlage können direkt daraus geschlürft werden, für die anderen Teelöffel dazulegen.

Die wichtigsten Zutaten für Asia-Snacks

Ingwer verleiht vielen asiatischen Gerichten ein frisch-würziges Aroma. Kaufen Sie ihn möglichst frisch: Die Haut der Wurzel sollte einen seidigen Schimmer haben und Bruchstellen müssen frisch und saftig aussehen. Er hält sich in Frischhaltefolie gewickelt im Kühlschrank ca. 10 Tage.

Chilis geben vielen Gerichten erst den feurigen Kick. Sie kommen frisch und mit Kernen in Dips, Suppen oder Salate. Und: je kleiner, desto schärfer. Die großen roten (auch Peperoni genannt) bekommen Sie im Supermarkt, die kleinen Thai-Chilischoten nur im Asienladen. Haben Sie keine frischen zur Hand? Dann verwenden Sie Sambal oelek aus dem Glas.

Wasabi ist eine dem Meerrettich verwandte Wurzel, die allerdings um einiges schärfer ist. Sie wird viel in der japanischen Küche verwendet. Wasabi bekommen Sie als Pulver, das mit wenig Wasser zu einer Paste angerührt wird (je mehr Wasser desto milder). Besonders praktisch ist fertige Wasabi-Paste aus der Tube.

Sushi-Reis ist ein japanischer Rundkornreis. Nach dem Kochen muss er quellen und mit Reisessig gesäuert werden. Die Kunst besteht darin, den Reis durch Wenden mit einem Holzspatel schnell abzukühlen, ohne die Körner dabei zu zerdrücken.

Reispapierblätter sind hauchdünne getrocknete Teigblätter aus Reismehl, Wasser und Salz, die hauptsächlich in Vietnam verwendet werden. Zum Gebrauch tauchen Sie die Blätter einzeln kurz in warmes Wasser, um sie biegsam zu machen. Sie werden gefüllt und roh oder frittiert gegessen.

Frühlingsrollen-Teigblätter sind hauchdünne Fladen aus Reismehl und Wasser. Sie bekommen sie tiefgekühlt im Asienladen. Lassen Sie den Teig einfach auftauen, entnehmen Sie die gewünschte Anzahl an Blättern und frieren Sie den Rest wieder ein. Decken Sie die Blätter bis zur Verwendung mit einem feuchten Tuch ab, damit sie nicht brüchig werden.

Zitronengras verleiht Suppen und Salaten eine unverwechselbare herb-zitronige Note. Lösen Sie von den Stängeln die äußeren harten Blätter ab. Verwenden Sie nur das untere weiche Drittel.

Koriander Kaufen Sie das Koriandergrün im Asienladen immer mit den Wurzeln. Diese ergeben mit anderen Würzzutaten im Mörser zerstoßen eine tolle Würzpaste für Suppen und Marinaden. Koriandergrün schmeckt leicht pfeffrig und ist das meist verwendete asiatische Küchenkraut.

Roher Fisch – ob für Sushi oder für marinierte und nur leicht angebratene Snacks – spielt in der Asia-Küche eine große Rolle. Dafür brauchen Sie einen vertrauenswürdigen Fischhändler, der Tunfisch- und Lachsfilet in Sushi-Qualität anbietet. Lassen Sie die Kühlkette zwischen Einkauf und Verwendung nicht abreißen und brauchen Sie den Fisch möglichst noch am selben Tag auf!

Ingwer

Chilis

Wasabi

Sushi-Reis

Reispapierblätter

Frühlingsrollen-Teigblätter

Zitronengras

Koriander

Roher Fisch

Von der Hand in den Mund

Mein aktuelles Lieblingsrezept ist japanisch inspiriert: In zarten Teig gehüllt und im Backofen kross gebacken ist hier der grüne Spargel – ein wunderbar leichter Sommer-Snack. Ebenfalls ein Gedicht: Wer's original japanisch bevorzugt, taucht den Spargel in den feinen Tempura-Teig von Seite 22 und frittiert ihn goldbraun und knusprig.

Knusperspargel mit Wasabi-Dip

12 große TK-Frühlingsrollen-Teigblätter (21,5 x 21,5 cm)
12 Stangen grüner Spargel (ca. 500 g) | Salz
100 g Schmand (24 % Fett)
ca. 3 TL Wasabi-Paste (aus der Tube)
1 TL Zitronensaft
Zucker
1 Stück grüner Apfel mit Schale (ergibt ca. 2 EL Würfelchen)
1 Eigelb
Backpapier

Für 12 Stück | 40 Min. Zubereitung
Pro Stück ca. 70 kcal, 2 g EW, 4 g F, 7 g KH

1 Den Frühlingsrollenteig auftauen lassen. Spargel im unteren Drittel schälen, die Enden abschneiden. In kochendem Salzwasser 5 Min. kochen, kalt abschrecken und auf Küchenpapier abtropfen lassen.

2 Für den Dip den Schmand mit 1 TL Wasabi-Paste, Zitronensaft und je 1 Prise Salz und Zucker verrühren. Apfel in millimeterfeine Würfel schneiden, dazugeben und alles verrühren.

3 Den Backofen auf 200° vorheizen. Ein Blech mit Backpapier belegen. Eigelb in einem Schälchen mit 1 TL kaltem Wasser verrühren. Jedes Teigblatt mit der Spitze nach vorne auf die Arbeitsfläche legen. Spargel mit etwas Wasabi-Paste bestreichen und mit der Spitze nach oben darauf legen. Den Teig von unten darüber klappen, den Spargel in den Teig einrollen. Auf das Blech legen und mit Eigelb bestreichen. Im Backofen (Mitte, Umluft 180°) in 10–12 Min. goldbraun backen. Lauwarm mit dem Wasabi-Dip servieren.

TIPP

Völlig unasiatisch aber lecker: Wickeln Sie mit dem Spargel je 1 Scheibe Lachsschinken in die Teighülle.

scharf | gelingt leicht

Fischplätzchen mit Chili-Dip

Knusprig und ganz schön scharf ist dieser thailändische Streetfood-Klassiker und verlangt nach einem kühlen Bier zum Löschen!

Für den Chili-Dip
2 große rote Chilischoten
2 TL Salz
200 ml Reisessig
120 g Zucker
Für die Fischplätzchen
1 Möhre (ca. 150 g)
8 kleine Kaffir-Limettenblätter
1 gestrichener TL Salz
400 g frisches Lachsfilet
2 EL rote Currypaste
Öl zum Frittieren

Für 20 Stück | 45 Min. Zubereitung
Pro Stück ca. 90 kcal, 4 g EW, 5 g F, 8 g KH

1 Für den Dip die Chilischoten waschen, halbieren entkernen und klein schneiden. Mit dem Salz in den Mörser geben und fein zerstoßen. Die Chili-Salz-Mischung mit dem Reisessig, 200 ml Wasser und dem Zucker in einem Topf verrühren und zum Kochen bringen. Offen bei schwacher Hitze 15 Min. einkochen lassen, dabei gelegentlich umrühren. Vom Herd nehmen und abkühlen lassen.

2 Für die Fischplätzchen die Möhre putzen, schälen und grob raspeln. Die Limettenblätter waschen und die Mittelrippen entfernen, die Blatthälften aufrollen und in haarfeine Streifen schneiden. 4 EL kaltes Wasser in eine Tasse geben und das Salz darin auflösen.

3 Das Fischfilet kalt abwaschen und trockentupfen. Wenn Sie einen Fleischwolf besitzen, drehen Sie das Fischfilet durch die feine Scheibe. Sonst den Fisch mit einem Messer erst in dünne Scheiben, dann in feine Streifen und in kleine Stückchen schneiden. Die Fischstückchen auf der Arbeitsfläche sehr fein hacken.

4 Die Fischstückchen in eine Schüssel geben und nach und nach mit dem Salzwasser und der Currypaste verrühren. Möhrenraspel und Limettenblattstreifen dazugeben und untermischen.

5 Aus der Masse mit angefeuchteten Händen 20 Bällchen formen, diese zu ca. ½ cm dicken Plätzchen flach drücken. Öl im Wok oder in einer Fritteuse zum Frittieren erhitzen. Die Fischplätzchen portionsweise im heißen Öl in ca. 3 Min. goldbraun frittieren. Mit einem Schaumlöffel herausheben und auf Küchenpapier abtropfen lassen. Den Chili-Dip in Portionsschälchen verteilen und zu den heißen Fischplätzchen servieren.

VARIANTE
Statt der Möhrenraspel schmecken auch fein geschnittene grüne Bohnen oder Maiskörner.

VORRATS-TIPP
Der selbst gemachte Chili-Dip passt zu vielen Asia-Snacks. Sie können ihn auf Vorrat herstellen. In einem sauberen Schraubglas hält er sich im Kühlschrank ca. 1 Monat.

knusprig | gelingt leicht

Garnelentoast mit Sesam

6–8 Riesengarnelen (ohne Kopf, frisch oder TK und aufgetaut; geschält, ca. 150 g)
1 EL Zitronensaft
2 EL helle Sojasauce
1 EL Sesamöl
⅓ TL Chilipulver
1 Knoblauchzehe
1 kleines Ei
5 Scheiben Vollkorntoast
3 EL Sesamsamen
Backpapier

Für 20 Stück | 35 Min. Zubereitung
Pro Stück ca. 40 kcal, 3 g EW, 2 g F, 3 g KH

1 Die Riesengarnelen am Rücken einschneiden und den schwarzen Darmfaden entfernen. Das Garnelenfleisch etwas zerkleinern und mit dem Zitronensaft beträufeln. Mit Sojasauce, Sesamöl und Chilipulver in einen hohen Rührbecher geben. Den Knoblauch schälen, hacken und dazugeben. Das Ei hinzufügen und alles mit dem Pürierstab zu einer feinen Masse pürieren.

2 Den Backofen auf 200° vorheizen. Ein Backblech mit Backpapier belegen. Die Toastscheiben nach Belieben entrinden und mit der Garnelenmasse bestreichen. Mit Sesamsamen bestreuen und etwas andrücken. Jede Toastscheibe mit einem scharfen Messer diagonal in vier Dreiecke schneiden und diese mit etwas Abstand aufs Blech setzen.

3 Die Garnelentoastecken im Backofen (Mitte, Umluft 180°) in 10–12 Min. goldbraun backen. Herausnehmen und sofort heiß servieren.

macht was her

Zitronengrasspieße

2 Knoblauchzehen
3–4 kleine rote Thai-Chilischoten
5 Stängel Zitronengras
¼ TL Kurkumapulver
Zucker | Salz
4–5 EL neutrales Pflanzenöl
24 rohe Riesengarnelen (küchenfertig geschält)
2 Stängel Koriandergrün

Für 8 Stück
40 Min. Zubereitung | 2 Std. Marinieren
Pro Stück ca. 150 kcal, 16 g EW, 8 g F, 2 g KH

1 Den Knoblauch schälen und etwas zerkleinern. Die Chilis waschen, putzen und fein hacken. 1 Stängel Zitronengras von den äußeren harten Blättern befreien und das untere Drittel klein schneiden. Alles mit Kurkumapulver, je 1 Prise Zucker und Salz im Mörser fein zerstampfen. 3 EL Öl unterrühren.

2 Die Garnelen am Rücken leicht einschneiden und den schwarzen Darmfaden entfernen. Vom übrigen Zitronengras je 1–2 äußere Blätter entfernen, die Stängel längs halbieren. Jede Riesengarnele mit einem spitzen Messer durchbohren, die Öffnung erweitern, damit man sie auf die Stängel spießen kann. Auf jeden Spieß 3 Garnelen stecken. Die Spieße mit der Marinade bestreichen und zugedeckt im Kühlschrank 2 Std. ziehen lassen.

3 Eine Grillpfanne erhitzen, die Stege mit Öl einpinseln. Die Spieße darin bei mittlerer Hitze von jeder Seite 2–3 Min. braten. Das Koriandergrün waschen und trockenschütteln, die Blättchen grob hacken und über die fertigen Spieße streuen.

oben: Zitronengrasspieße | unten: Garnelentoast mit Sesam

scharf & fruchtig

Lachswürfel im Papayaschiffchen

400 g sehr frisches Lachsfilet (S. 6, roher Fisch)
1 große rote Chilischote
2 EL helle Sojasauce | 4 EL Limettensaft
1 EL Sesamöl | 1 Knoblauchzehe
1 große reife Papaya
1 EL Öl | Salz
16 kleine Holzspieße

Für 16 Stück
30 Min. Zubereitung | 1 Std. Marinieren
Pro Stück ca. 70 kcal, 5 g EW, 5 g F, 2 g KH

1 Lachsfilet kalt abwaschen und abtrocknen, in 16 Würfel schneiden. Chilischote waschen, längs halbieren, entkernen und fein würfeln. Sojasauce, 2 EL Limettensaft, Sesamöl und Chiliwürfelchen verrühren. Den Knoblauch schälen und dazupressen. Die Fischwürfel darin wenden und zugedeckt im Kühlschrank 1 Std. ziehen lassen.

2 Papaya halbieren und die Kerne entfernen. Die Hälften schälen, jeweils längs halbieren und quer vierteln, so dass 16 Stücke entstehen. Mit übrigem Limettensaft beträufeln, auf einer Platte anrichten.

3 Öl erhitzen. Die Lachswürfel mit Küchenpapier abtupfen und darin bei starker Hitze von allen Seiten scharf an-, aber nicht durchbraten. Leicht salzen, etwas abkühlen lassen. Jeden Lachswürfel mit einem Holzspießchen auf ein Papayastück spießen.

TIPP – FRÜCHTCHENWECHSEL

Die pikant marinierten Lachswürfel harmonieren auch gut mit Honigmelone.

kalorienarm | gelingt leicht

Seeteufelspieße mit Ingwer-Dip

Für die Spieße
400 g Seeteufelfilet | Salz
12 Holzspieße (ca. 15 cm, aus dem Asienladen)
Öl für die Spieße und zum Braten
Für den Dip
1 Stück frischer Ingwer (ca. 4 cm)
2 Knoblauchzehen
1 große grüne Chilischote
2 Stängel Koriandergrün
3 EL Fischsauce | 5 EL Limettensaft
1 TL Zucker

Für 12 Stück | 30 Min. Zubereitung
Pro Stück ca. 50 kcal, 5 g EW, 2 g F, 2 g KH

1 Fischfilet kalt abwaschen und mit Küchenpapier abtrocknen. In ca. 2 cm breite Streifen schneiden. Spieße einölen, die Fischstreifen darauf stecken.

2 Ingwer schälen und fein reiben. Knoblauch schälen und durchpressen. Chili waschen, längs halbieren, entkernen und fein hacken. Koriandergrün waschen und trockenschütteln, Blättchen und zarte Stiele fein schneiden. Alles in einem Schälchen mit Fischsauce, Limettensaft und Zucker verrühren.

3 Eine Grillpfanne erhitzen, die Stege mit Öl einpinseln. Die Spieße darin portionsweise bei starker Hitze von jeder Seite ca. 2 Min. braten, leicht salzen. Mit dem Dip anrichten.

VARIANTEN

Die Spieße schmecken auch mit Riesengarnelen, Tintenfisch, Tunfisch- oder Schwertfischfilet.

links: Lachswürfel im Papayaschiffchen | rechts: Seeteufelspieße mit Ingwer-Dip

indisch inspiriert

Spinatpflänzchen

Das Kichererbsenmehl aus dem Asien- oder Bioladen verleiht den Spinatpflänzchen ein besonderes, fein-nussiges Aroma.

2 große mehlig kochende Kartoffeln (ca. 400 g) | Salz | 250 g Spinat | 1 große grüne Chilischote | 3 EL Kichererbsenmehl | 1 TL Ajwain (S. 58) | Öl zum Ausbacken

Für 16 Stück | 50 Min. Zubereitung
Pro Stück ca. 60 kcal, 1 g EW, 3 g F, 5 g KH

1 Die Kartoffeln waschen, in einem Topf mit Salzwasser bedecken und in ca. 25 Min. garen. Inzwischen den Spinat waschen, verlesen und die groben Stiele entfernen. Tropfnass mit 1 Prise Salz in einen Topf geben und zugedeckt in ca. 4 Min. zusammenfallen lassen. Durch ein Sieb abgießen und abkühlen lassen.

2 Die Chilischote waschen, längs halbieren, entkernen und fein hacken. Den Spinat ausdrücken und grob schneiden.

3 Die Kartoffeln abgießen, kalt abschrecken, pellen und in einer Schüssel fein zerdrücken. Chili, Spinat, Kichererbsenmehl, Ajwain und ca. ¾ TL Salz unterkneten. Aus der Masse 16 Kugeln formen und diese zu Pflänzchen flach drücken.

4 Reichlich Öl in einer Pfanne erhitzen und die Pflänzchen darin portionsweise von jeder Seite 3 Min. backen. Heiß oder lauwarm servieren.

GUT ZU WISSEN

Kichererbsenmehl sorgt dafür, dass die Pflänzchen beim Backen kaum Fett aufnehmen. Das Abtropfen auf Küchenpapier ist daher nicht nötig.

VARIANTE

Statt Spinat können Sie auch 150 g aufgetaute TK-Erbsen unter die Kartoffelmasse mischen.

indischer Streetfood-Klassiker

Blumenkohlröschen

1 Blumenkohl | 250 g Kichererbsenmehl (S. 58) | ½ TL Ajwain (S. 58) | ½ TL Chilipulver | 1 TL Salz | Öl zum Frittieren

Für ca. 20 Stück | 20 Min. Zubereitung
Pro Stück ca. 80 kcal, 3 g EW, 4 g F, 6 g KH

1 Blumenkohl in Röschen teilen, waschen und in einem Sieb abtropfen lassen. Kichererbsenmehl mit Ajwain, Chilipulver und Salz in eine Rührschüssel geben und ca. ¼ l kaltes Wasser unterrühren, bis ein glatter Teig entsteht.

2 Öl im Wok oder in der Fritteuse zum Frittieren erhitzen. Die Blumenkohlröschen jeweils einzeln in den Teig tauchen und im heißen Öl portionsweise 4–5 Min. frittieren. Mit einem Schaumlöffel herausheben. Heiß oder lauwarm z. B. mit dem Joghurt-Dip von Seite 18 servieren.

schnell | gelingt leicht

Papadam mit Minz-Dip

1 Bund Minze | 1 kleine Knoblauchzehe | 1 EL Zitronensaft | Salz | Zucker | Chilipulver | 250 g Vollmilchjoghurt | 8 Papadam (Linsenfladen, aus dem Asienladen) | 4 TL Öl

Für 8 Stück | 15 Min. Zubereitung
Pro Stück ca. 165 kcal, 4 g EW, 9 g F, 16 g KH

1 Die Minze waschen und trockenschütteln, die Blättchen abzupfen. Den Knoblauch schälen, etwas zerkleinern. Beides mit Zitronensaft und je 1 Prise Salz, Zucker und Chilipulver mit der Hälfte des Joghurts im Mixer fein pürieren. Mit dem übrigen Joghurt verrühren. Den Dip kalt stellen.

2 Jeweils ½ TL Öl in eine Pfanne geben, auf mittlere Hitze erwärmen. Nacheinander die Papadam hineinlegen, in ca. 10 Sek. knusprig backen. Herausnehmen, auf Küchenpapier abtropfen lassen.

indisch inspiriert

Tandoori-Hähnchen mit Joghurt-Dip

Die Tandoori-Paste enthält Ingwer, Kreuzkümmel und andere Würzzutaten. So gewürzt schmeckt das Fleisch unvergleichlich gut.

Für das Hähnchen
500 g Hähnchenbrustfilet
Salz
2 EL Tandoori-Paste (aus dem Glas)
1 EL Zitronensaft
2 EL Vollmilchjoghurt
2 EL Ghee (S. 58)
Für den Dip
300 g Vollmilchjoghurt
½ TL gemahlener Kreuzkümmel
Salz | Pfeffer
1 Stück Salatgurke (ca. 10 cm)
1 Tomate
1 kleine Zwiebel
2 Stängel Minze
1 TL Öl
1 EL schwarze Senfsamen (nach Belieben, s. Tipp)
Außerdem
kleine Holzspieße

Für ca. 20 Stück
30 Min. Zubereitung | 1 Std. Marinieren
Pro Stück ca. 60 kcal, 6 g EW, 3 g F, 1 g KH

1 Das Hähnchenfleisch kalt abwaschen und mit Küchenpapier abtrocknen. Jedes Filet in 5–6 Stücke schneiden und leicht salzen. Die Tandoori-Paste in einer Schüssel mit Zitronensaft und Joghurt verrühren. Die Fleischstücke darin wenden. Zugedeckt ca. 1 Std. ziehen lassen.

2 Inzwischen für den Dip den Joghurt mit Kreuzkümmel und je 1 Prise Salz und Pfeffer verrühren. Die Salatgurke schälen, entkernen und in sehr kleine Würfel schneiden. Die Tomate waschen, halbieren, entkernen und ebenfalls klein würfeln. Beides unter den Joghurt mischen. Die Zwiebel schälen und fein hacken. Die Minze waschen und trockenschütteln, die Blättchen fein schneiden und beides unterrühren.

3 Das Öl in einem Pfännchen erhitzen, die Senfsamen darin rösten, bis sie knistern. Noch heiß unter den Joghurt-Dip rühren. Den Dip in ein Schüsselchen füllen und zugedeckt bis zum Servieren in den Kühlschrank stellen.

4 Jeweils 1 EL Ghee in einer Pfanne erhitzen. Die Hähnchenstücke mit Küchenpapier etwas abtupfen und darin in zwei Portionen bei mittlerer Hitze von allen Seiten 4–5 Min. braten. Herausnehmen und mit Holzspießchen versehen auf einer Platte anrichten. Heiß oder lauwarm mit dem Joghurt-Dip servieren.

VARIANTE

Die Tandoori-Marinade passt auch sehr gut zu Riesengarnelen und Fisch, z. B. Seeteufelfilet.

GUT ZU WISSEN

Die Senfsamen geben dem Dip zusätzliche Würze und sorgen für eine gute Verdauung. Sie bekommen die Samen im Asienladen. Kühl und trocken in einem Schraubglas aufbewahrt, halten sie sich etwa 1 Jahr.

thailändischer Streetfood-Klassiker

Hähnchen-Saté mit Erdnuss-Dip

Die zarten Spießchen schmecken auch kalt ganz fabelhaft. Machen Sie doch gleich ein paar mehr.

500 g Hähnchenbrustfilet | 1 Zwiebel | 1 Knoblauchzehe | 1 TL abgeriebene Schale von 1 Bio-Zitrone | 2 EL Sesamöl | 1 TL Zucker | Salz | Cayennepfeffer | 6 EL Erdnussbutter (aus dem Glas, crunchy) | 2 EL Zitronensaft | 4 EL Joghurt | 24 Holzspieße (ca. 15 cm) | Öl für die Spieße und zum Braten

Für ca. 24 Stück
30 Min. Zubereitung | 30 Min. Marinieren
Pro Stück ca. 110 kcal, 6 g EW, 9 g F, 2 g KH

1 Das Fleisch kalt abwaschen und trockentupfen, quer zur Faser in dünne Streifen schneiden und in eine Schüssel geben. Zwiebel und Knoblauch schälen und grob zerkleinern. Mit Zitronenschale, Sesamöl, Zucker, 1 gestrichenen TL Salz und ½ TL Cayennepfeffer in den Mixer geben und alles fein pürieren. Die Würzpaste in der Schüssel mit den Fleischstreifen vermischen. Das Fleisch zugedeckt im Kühlschrank ca. 30 Min. ziehen lassen.

2 Inzwischen für den Dip die Erdnussbutter mit Zitronensaft und Joghurt verrühren, 3–4 EL Wasser hinzufügen, so dass ein cremiger Dip entsteht. Mit Salz und Cayennepfeffer würzig abschmecken und in ein Schüsselchen füllen.

3 Die Holzspieße einölen. Jeweils 2–3 Fleischstreifen wellenförmig auf einen Spieß stecken und etwas aufreihen. Eine Grillpfanne erhitzen, die Stege mit Öl einpinseln. Die Spieße darin portionsweise von jeder Seite 2 Min. braten. Mit dem Erdnuss-Dip servieren.

SERVIER-TIPP

Wenn Sie die Saté-Spießchen warm servieren möchten, halten Sie die fertigen Spieße auf einem Teller im Backofen bei 50° warm, bis alle gebraten sind.

mit würzigem Topping

Teriyaki-Spießchen

400 g Rinderlende | 1 Stück frischer Ingwer (ca. 2 cm) | 1 Bio-Orange | 3 EL Teriyaki-Sauce (aus der Flasche) | 2 Knoblauchzehen | 3 EL gehackte Petersilie | Salz | 12 Holzspieße (ca. 15 cm) | Öl für die Spieße und zum Braten

Für 16 Spieße | 30 Min. Zubereitung
Pro Stück ca. 90 kcal, 6 g EW, 7 g F, 1 g KH

1 Das Fleisch in dünne Streifen schneiden. Ingwer schälen und fein reiben. Orange heiß abwaschen, abtrocknen, die Schale fein abreiben, 4 EL Saft auspressen. Teriyaki-Sauce, Ingwer und Orangensaft in einer Schüssel mit dem Fleisch mischen. Spieße einölen, Fleisch wellenförmig aufstecken. Eine Grillpfanne erhitzen, die Stege mit Öl einpinseln. Die Spieße mit Küchenpapier abtupfen und darin portionsweise von jeder Seite 2–3 Min. braten.

2 Knoblauch schälen und fein hacken. Mit Petersilie und Orangenschale mischen. Die fertigen Spieße salzen und mit der Mischung bestreuen.

mit Knusperkruste

Sesam-Tofu-Spieße

400 g fester Tofu | 2 Sesamöl | 2 EL Sojasauce | 2 EL Limettensaft | 1/4 TL Sambal oelek | 1 Knoblauchzehe | 1 Eiweiß | 4 EL Sesamsamen | 2 EL Öl | 12 Holzspieße (ca. 15 cm)

Für 12 Spieße
25 Min. Zubereitung | 30 Min. Marinieren
Pro Stück ca. 90 kcal, 4 g EW, 7 g F, 2 g KH

1 Den Tofu halbieren, jeweils in 6 Scheiben schneiden. Sesamöl, Sojasauce, Limettensaft und Sambal oelek verrühren. Knoblauch schälen und dazupressen. Den Tofu damit beträufeln, 30 Min. marinieren. Das Eiweiß auf einem Teller verschlagen, Sesamsamen auf einen anderen Teller geben.

2 Die Tofuscheiben mit Küchenpapier abtupfen, jeweils auf einen Spieß stecken. Erst in dem Eiweiß, dann in den Sesamsamen wenden, diese etwas andrücken. Öl in einer beschichteten Pfanne erhitzen. Die Spieße darin portionsweise von jeder Seite 2–3 Min. braten. Mit Sojasauce servieren.

japanisch | gelingt leicht

Gemüse-Tempura

Knackige Gemüsestücke in knusprig-zarter Teighülle – mit diesem Klassiker begeistere ich immer wieder meine Familie und Gäste.

Für den Dip
6 EL Sojasauce
3 EL Zitronensaft
5 EL Mirin (süßer Reiswein, ersatzweise Sherry medium)

Für die Tempura
1 Süßkartoffel (ca. 150 g)
6 Champignons
3 Möhren
250 g Brokkoli
100 g grüne Kenia-Bohnen
1 Ei
150 g Tempura-Mehl (aus dem Asienladen)

Außerdem
Öl zum Frittieren
Eiswürfel

Für 6 Portionen | 40 Min. Zubereitung
Pro Portion ca. 240 kcal, 8 g EW, 8 g F, 31 g KH

1 Für den Dip die Sojasauce mit dem Zitronensaft und dem Mirin verrühren und in sechs Dip-Schälchen verteilen.

2 Die Süßkartoffel waschen, schälen, in ca. 3 mm dicke Scheiben schneiden und in kaltes Wasser einlegen. Die Pilze putzen (nicht waschen!) und die Köpfe nach Belieben mit Kerbmuster verzieren. Die Möhren schälen und in ca. ½ cm dicke Stifte schneiden. Den Brokkoli in Röschen teilen (den Stiel anderweitig verwenden), waschen und gut abtropfen lassen. Die Bohnen waschen und putzen.

3 Für den Teig 200 ml Wasser und 4–5 Eiswürfel in eine Rührschüssel geben. Wenn die Eiswürfel gerade geschmolzen sind, das Ei hinzufügen und unterschlagen. Das Mehl darüber streuen und mit Stäbchen oder einer Gabel untermischen. Nicht zu lange rühren, kleine Klümpchen schaden nicht!

4 Öl im Wok oder in der Fritteuse zum Frittieren erhitzen. Die Süßkartoffelscheiben abgießen und mit Küchenpapier abtupfen. Die Gemüsestücke in den Teig tauchen, kurz abtropfen lassen und ins heiße Öl gleiten lassen. Nicht zu viele auf einmal, das Öl muss konstant heiß bleiben!

5 Möhren und Bohnen können dabei in kleinen Bündeln frittiert werden: Dafür jeweils 3–4 Stück zusammen in den Teig tauchen und ins Öl geben. Mit einem Schaumlöffel herausheben und auf Küchenpapier abtropfen lassen. Heiß mit dem Dip servieren.

VARIANTEN

Riesengarnelen und Fischstücke, in Tempurateig gewendet und goldbraun frittiert, schmecken auch ausgezeichnet.

GUT ZU WISSEN

Bereiten Sie den Tempurateig unmittelbar vor dem Ausbacken zu. Wenn er zu lange steht, wird er zäh!

Gelöffelt und aufgegabelt

Samtige Fülle bekommt das Süppchen durch Kokosmilch, herbe Frische durch Zitronengras und Kaffir-Limettenblätter, dazu die würzige Schärfe von Galgant und Chilischoten – mein thailändisches Lieblingssüppchen ist fix zubereitet und schmeckt einfach umwerfend. Da werden auch Ihre Gäste sicher begeistert mitlöffeln!

Zitronengrassuppe mit Garnelen

6 rohe Riesengarnelen (ohne Kopf, frisch oder TK und aufgetaut, ca. 200 g)
2 Stängel Zitronengras
1 Stück frischer Galgant (ca. 5 cm, aus dem Asienladen)
4 kleine grüne Thai-Chilischoten
4 Kaffir-Limettenblätter
1 Dose ungesüßte Kokosmilch (400 ml Inhalt)
2 EL Fischsauce
1–2 EL Limettensaft
Korianderblättchen (nach Belieben)

Für 6 Portionen | 20 Min. Zubereitung
Pro Portion ca. 200 kcal, 9 g EW, 15 g F, 6 g KH

1 Garnelen so schälen, dass die Schwanzflosse erhalten bleibt. Jeweils am Rücken einschneiden und den schwarzen Darmfaden entfernen. Zitronengras von den äußeren harten Blättern befreien, das untere Drittel in Scheiben schneiden, den Rest mit dem Mörserstößel flach klopfen. Galgant, Chilischoten und Limettenblätter waschen. Galgant in feine Scheiben schneiden. Chilis flach klopfen. Limettenblätter am Rand mehrfach einreißen.

2 Kokosmilch und 200 ml Wasser zum Kochen bringen. Zitronengras und Galgant hinzufügen und offen bei mittlerer Hitze 2 Min. kochen lassen. Garnelen, Limettenblätter und Chilis hinzufügen und bei schwacher Hitze 3 Min. ziehen lassen. Den Topf vom Herd nehmen und die Suppe mit Fischsauce und Limettensaft abschmecken.

3 6 Gläschen vorwärmen. Die Suppe durch ein feines Sieb in einen Topf oder Messbecher mit Ausgießer gießen. In jedes Gläschen eine Garnele stellen (Schwänzchen mit Küchenpapier abreiben) und mit der Suppe aufgießen. Nach Belieben mit Korianderblättchen garnieren.

erfrischender Sommer-Snack

Wasabi-Lachs-Schaum

1 Zwiebel | 1 Knoblauchzehe
1 große mehlig kochende Kartoffeln (ca. 200 g)
1 EL Butter
100 ml Weißwein
Salz | Zucker | weißer Pfeffer
½ l Gemüsebrühe
2 TL Wasabi-Paste (aus der Tube)
1 EL Zitronensaft | 100 g Sahne
2 Scheiben Räucherlachs (ca. 40 g)
etwas Kresse für die Deko

Für 6 Portionen
40 Min. Zubereitung | 1 Std. Kühlen
Pro Portion ca. 140 kcal, 3 g EW, 9 g F, 9 g KH

1 Zwiebel und Knoblauch schälen, beides fein hacken. Kartoffel waschen, schälen, klein würfeln.

2 Butter erhitzen. Zwiebel und Knoblauch darin in 2 Min. glasig anbraten. Kartoffelwürfel dazugeben und 2 Min. mitbraten. Mit Wein ablöschen, offen 5 Min. einkochen lassen. Mit je 1 Prise Salz, Zucker und weißem Pfeffer würzen, mit der Brühe aufgießen. Aufkochen und zugedeckt bei schwacher Hitze 20 Min. kochen lassen. Die Suppe vom Herd nehmen, abkühlen und mindestens 1 Std. im Kühlschrank vollkommen auskühlen lassen.

3 Wasabi-Paste zur Suppe geben, alles mit dem Pürierstab fein pürieren. Mit Zitronensaft, Salz, Zucker und Pfeffer würzig abschmecken. Sahne steif schlagen, mit dem Schneebesen unterziehen.

4 Den Wasabi-Schaum in Gläschen verteilen. Lachs in feine Streifen, die Kresse vom Beet schneiden und das kalte Süppchen damit garnieren.

wärmendes Herbstsüppchen

Kürbiscreme mit Ingwer

50 g frischer Ingwer
1 Zwiebel | 2 Knoblauchzehen
250 g Kürbisfleisch (geputzt gewogen)
2 EL Öl | 1 TL Currypulver
½ l Gemüsebrühe
2 Stängel Koriandergrün
Salz | Zucker
1–2 EL Limettensaft
ca. ¼ l Öl zum Frittieren

Für 6 Portionen | 40 Min. Zubereitung
Pro Portion ca. 190 kcal, 1 g EW, 18 g F, 6 g KH

1 Ingwer schälen, vier Fünftel in Scheiben hobeln, in feine Streifen schneiden, beiseite stellen. Übrigen Ingwer fein hacken. Zwiebel und Knoblauch schälen, fein hacken. Kürbisfleisch würfeln. Öl erhitzen. Zwiebel, Knoblauch und gehackten Ingwer darin bei mittlerer Hitze 3 Min. anbraten. Kürbis und Currypulver dazugeben und 2 Min. unter Rühren mitbraten. Brühe angießen, aufkochen und zugedeckt 20 Min. kochen lassen.

2 Inzwischen Öl zum Frittieren erhitzen. Die Ingwerstreifen darin ca. 30 Sek. frittieren. Herausheben, auf Küchenpapier abtropfen lassen.

3 Koriandergrün waschen und trockenschütteln, die Blättchen grob hacken. Die Suppe fein pürieren. Mit Salz, Zucker und Limettensaft abschmecken, Koriandergrün unterrühren. In Tassen verteilen, mit frittiertem Ingwer garnieren.

RECYCLING-TIPP
Das durch den Ingwer aromatisierte Öl eignet sich prima zum Braten von Fisch und Wok-Gemüse.

links: Kürbiscreme mit Ingwer | rechts: Wasabi-Lachs-Schaum

mit feiner Schärfe

Rote Linsensuppe

2 Frühlingszwiebeln | 1 kleine Möhre | 1 kleine Stange Staudensellerie | 1 Knoblauchzehe | 1 EL Öl oder Ghee (S. 58) | 120 g rote Linsen | ½ l Gemüsebrühe | ⅓ TL Sambal oelek | 1 EL Sojasauce | 2 TL Limettensaft

Für 6 Portionen | 25 Min. Zubereitung
Pro Portion ca. 110 kcal, 6 g EW, 3 g F, 14 g KH

1 Gemüse waschen. Frühlingszwiebeln putzen, weiße und grüne Teile getrennt in feine Scheiben schneiden. Die Möhre schälen und fein würfeln. Staudensellerie in dünne Scheiben schneiden. Den Knoblauch schälen und fein hacken.

2 Öl oder Ghee erhitzen. Knoblauch und weiße Frühlingszwiebeln darin anbraten. Möhre, Sellerie, Linsen zugeben, 1 Min. mitbraten. Mit Brühe ablöschen, Sambal oelek zugeben. Aufkochen und ca. 12 Min. kochen lassen, bis die Linsen weich sind. Mit Sojasauce und Limettensaft würzen. In Tassen verteilen, mit Frühlingszwiebelgrün garnieren.

indisch inspiriert

Curryhähnchencreme

250 g Hähnchenbrustfilet | 2 Knoblauchzehen | 1 Zwiebel | 1 säuerlicher Apfel | 1 EL Ghee (S. 58, ersatzweise Butterschmalz oder Öl) | 1½ EL Currypulver | ½ l Gemüsebrühe | 100 g Sahne | Salz | Zucker | 1–2 EL Zitronensaft

Für 6 Portionen | 40 Min. Zubereitung
Pro Portion ca. 150 kcal, 10 g EW, 9 g F, 6 g KH

1 Das Fleisch kalt abwaschen, abtrocknen und in Streifen schneiden. Knoblauch und Zwiebel schälen, beides fein hacken. Den Apfel abwaschen, abtrocknen, schälen, entkernen und in kleine Würfel schneiden.

2 Ghee erhitzen. Zwiebel und Knoblauch darin 2 Min. anbraten. Fleisch und Currypulver dazugeben, 2 Min. unter Rühren mitbraten. Apfelwürfel dazugeben, Brühe angießen. Aufkochen und zugedeckt bei schwacher Hitze 20 Min. kochen lassen. Sahne hinzufügen, erhitzen, fein pürieren. Mit Salz, Zucker und Zitronensaft abschmecken.

thailändisch scharf

Kokos-Tomaten-Suppe

1 Dose ungesüßte Kokosmilch (400 ml Inhalt) | 2 TL rote Currypaste (S. 58) | 200 ml Gemüsebrühe | 4 Kaffir-Limettenblätter | 2 reife Tomaten | 1 Bio-Orange | 1–2 EL Fischsauce | Zucker

Für 6 Portionen | 20 Min. Zubereitung
Pro Portion ca. 170 kcal, 1 g EW, 15 g F, 6 g KH

1 Kokosmilch und Currypaste in einem Topf verrühren, aufkochen und 2 Min. sprudelnd kochen lassen. Gemüsebrühe angießen. Limettenblätter waschen und hinzufügen, bei schwacher Hitze 10 Min. kochen lassen. Stielansätze der Tomaten entfernen. Tomaten kurz überbrühen, häuten, entkernen und klein würfeln. Die Orange heiß abwaschen, nach Belieben mit dem Zestenreißer ca. 1 EL Schale abreißen. Den Saft auspressen.

2 Tomatenwürfel und Orangensaft unter die Suppe rühren, 1 Min. erhitzen. Mit Fischsauce und Zucker abschmecken, Limettenblätter entfernen. In Gläschen verteilen, evtl. mit Orangenzesten bestreuen.

fruchtig & würzig

Möhren-Mango-Suppe

400 g Möhren | 1 Stück frischer Ingwer (ca. 4 cm) | 1 Zwiebel | 1 EL Ghee (S. 58, ersatzweise Butterschmalz oder Öl) | ½ TL Kurkumapulver | ½ l Gemüsebrühe | ½ reife Mango | 2 EL Limettensaft | 2 Stängel Koriandergrün | Salz | Zucker

Für 6 Portionen | 30 Min. Zubereitung
Pro Portion ca. 85 kcal, 1 g EW, 3 g F, 11 g KH

1 Möhren putzen, schälen und in Scheiben schneiden. Ingwer und Zwiebel schälen, beides fein hacken. Ghee in einem Topf erhitzen. Ingwer und Zwiebel darin 2 Min. anbraten. Möhren und Kurkumapulver hinzufügen, 1 Min. mitbraten. Brühe angießen, aufkochen und zugedeckt bei schwacher Hitze 15 Min. kochen lassen.

2 Mangohälfte schälen, Fruchtfleisch fein würfeln. Mit Limettensaft mischen. Koriandergrün waschen, Blättchen abzupfen. Die Suppe fein pürieren, mit Salz und Zucker abschmecken. In Tassen verteilen. Mit Mangowürfelchen und Koriandergrün garnieren.

edel | gelingt leicht

Tunfisch-Carpaccio

300 g sehr frisches Tunfischfilet (Sushi-Qualität, S. 7 und Tipp)
1 Bio-Limette
1 Bund Koriandergrün
1 TL Wasabi-Paste (aus der Tube)
5 EL Sonnenblumenöl
Salz | Zucker | weißer Pfeffer
6 Radieschen

Für 6 Portionen
25 Min. Zubereitung | 1 Std. Gefrieren
Pro Portion ca. 220 kcal, 12 g EW, 18 g F, 1 g KH

1 Das Fischfilet in einen Gefrierbeutel geben und im Tiefkühlfach ca. 1 Std. anfrieren lassen.

2 Inzwischen die Limette heiß abwaschen, abtrocknen und von einer Hälfte die Schale abreiben. Den Saft auspressen. Das Koriandergrün waschen und trockenschütteln, grobe Stiele entfernen, den Rest grob zerkleinern. Wasabi-Paste, Koriander, Limettensaft und -schale und Öl in einem hohen Aufschlaggefäß mit dem Pürierstab fein pürieren. Mit Salz, Zucker und weißem Pfeffer abschmecken. Die Radieschen waschen und in feine Stifte schneiden.

3 Den Tunfisch auf einer Aufschnittmaschine (oder mit einem sehr scharfen Messer, s. Tipp) in hauchdünne Scheiben schneiden. Auf 6 Tellerchen auslegen, leicht salzen. Mit der Marinade beträufeln und in der Mitte Radieschenstifte aufhäufen.

TIPP – HAUCHDÜNN SCHNEIDEN

Der Tunfisch lässt sich besser in hauchdünne Scheiben schneiden, wenn Sie ein etwas größeres Stück kaufen. Den Rest in etwas Öl als Tunfisch-Steak braten.

chilischarf & erfrischend

Meeresfrüchtesalat

2 Stängel Zitronengras
10 Thai-Schalotten (S. 59 oder 5 heimische Schalotten)
2–4 kleine grüne Thai-Chilischoten
6 Stängel Minze
3 EL Fischsauce
4 EL Limettensaft
1 TL Zucker
400 g gemischte gegarte Meeresfrüchte (z. B. Gambas, Miesmuscheln, Venusmuscheln, Tintenfischringe, Mini-Tintenfischchen)
1–2 Kopfsalatherzen

Für 6 Portionen
20 Min. Zubereitung | 2 Std. Marinieren
Pro Portion ca. 85 kcal, 9 g EW, 2 g F, 8 g KH

1 Das Zitronengras von den harten Blättern befreien, das untere weiche Drittel in sehr feine Scheiben schneiden. Die Schalotten schälen, halbieren und in feine Spalten schneiden. Die Chilis waschen und fein schneiden. Die Minze waschen und trockenschütteln, die Spitzen für die Deko in feuchtes Küchenpapier wickeln und ins Gemüsefach des Kühlschranks legen, die Blättchen grob hacken.

2 Fischsauce, Limettensaft und Zucker in einer Schüssel verrühren. Zitronengras, Schalotten, Chilis, gehackte Minze unterrühren und die Meeresfrüchte vorsichtig untermischen. Zugedeckt im Kühlschrank ca. 2 Std. ziehen lassen.

3 Zum Servieren von den Salatherzen 6 schöne Blätter ablösen, waschen und trockenschütteln. Mit dem Meeresfrüchtesalat füllen. Mit den Minzespitzen garnieren.

oben: Meeresfrüchtesalat | unten: Tunfisch-Carpaccio

frisch & nussig

Papaya-Shrimps-Salat

1 mittelgroße grüne Papaya (S. 59) | 10 Kirschtomaten | 2 Knoblauchzehen | 2–4 kleine rote Thai-Chilischoten | 50 g geröstete gesalzene Erdnüsse | 2 EL Fischsauce (S. 58) | 4 EL Limettensaft | 1 TL Zucker | 100 g gegarte Shrimps

Für 6 Portionen | 25 Min. Zubereitung
Pro Portion ca. 110 kcal, 7 g EW, 5 g F, 10 g KH

1 Die Papaya schälen, halbieren und die Kerne entfernen. Das Fruchtfleisch grob raspeln. Tomaten waschen und klein schneiden. Knoblauch schälen und hacken. Chilis waschen und klein schneiden.

2 Knoblauch und Chilis in den Mörser geben und fein zerstoßen. Erdnüsse dazugeben und grob zerstoßen. Fischsauce, Limettensaft und Zucker untermischen. Nach und nach Papayaraspel und Tomaten dazugeben und unter leichtem Stampfen vermischen, damit sich die Aromen gut verbinden. Die Shrimps untermischen und den Salat möglichst sofort servieren.

süßsäuerlich & fruchtig

Mango-Hähnchen-Salat

25 g gepresste Tamarinde (S. 59) | 2 EL Kokosraspel | 300 g Hähnchenbrustfilet | Salz | Cayennepfeffer | 2 EL Öl | 2 EL Palmzucker (S. 59) | 3 Frühlingszwiebeln | 1 reife Mango | 2 EL Limettensaft | 3 EL helle Sojasauce

Für 6 Portionen | 35 Min. Zubereitung
Pro Portion ca. 160 kcal, 13 g EW, 6 g F, 12 g KH

1 Tamarinde in 100 ml Wasser einweichen. Kokosraspel ohne Fett rösten. Das Fleisch kalt abwaschen, trockentupfen, mit Salz und Cayennepfeffer würzen. Öl in einer Pfanne erhitzen, darin das Fleisch von jeder Seite 5–6 Min. braten, herausnehmen. Tamarindensaft durch ein Sieb und Zucker in die Pfanne geben, bei starker Hitze in 3 Min. einkochen lassen.

2 Frühlingszwiebeln putzen, waschen und in feine Scheiben schneiden. Hähnchenfleisch zerpflücken. Mango schälen, Fruchtfleisch in Spalten schneiden. Limettensaft, Sojasauce und Pfanneninhalt in einer Schüssel mischen, die übrigen Zutaten unterheben.

lauwarm am besten

Thai-Rindfleischsalat

4 dünne Scheiben Rinderfilet (je ca. 60 g) | 1 EL helle Sojasauce | 1 EL Öl | 1 rote Zwiebel | 1 Knoblauchzehe | 2 Stangen Staudensellerie | ½ Bund Koriandergrün | 1 große rote Chilischote | 3 EL Limettensaft | 2 EL Fischsauce | 1 TL Zucker

Für 6 Portionen | 30 Min. Zubereitung
Pro Portion ca. 100 kcal, 10 g EW, 4 g F, 5 g KH

1 Fleisch mit Sojasauce bepinseln. Öl erhitzen, das Fleisch darin bei mittlerer Hitze von jeder Seite 2 Min. braten. Herausnehmen und ruhen lassen.

2 Zwiebel und Knoblauch schälen. Zwiebel in feine Spalten schneiden, Knoblauch fein hacken. Staudensellerie waschen, in feine Scheiben schneiden. Koriandergrün waschen und trockenschütteln, die Blättchen grob hacken. Chili waschen, längs halbieren, entkernen und in feine Streifen schneiden. Limettensaft, Fischsauce und Zucker verrühren. Fleisch in dünne Streifen schneiden, mit den übrigen Zutaten untermischen.

thailändisch scharf

Pilzsalat mit Minze

500 g gemischte Pilze (Austernpilze, Shiitake-Pilze, Champignons) | 2 EL Öl 2 mittelgroße Tomaten | 6 Thai-Schalotten (S. 59) | 1 Bund Minze | 2–4 kleine rote Thai-Chilischoten (S. 6) | 2 EL Fischsauce | 3 EL Limettensaft | 1 TL Zucker

Für 6 Portionen | 25 Min. Zubereitung
Pro Portion ca. 90 kcal, 4 g EW, 5 g F, 7 g KH

1 Pilze putzen, vierteln oder in Scheiben schneiden (von den Shiitake-Pilzen die harten Stiele entfernen). Öl erhitzen, die Pilze darin 2 Min. scharf anbraten, zugedeckt bei schwacher Hitze 5 Min. dünsten. Lauwarm abkühlen lassen.

2 Tomaten waschen, halbieren, entkernen und in Streifen schneiden. Schalotten schälen und in feine Spalten schneiden. Minze waschen und trockenschütteln, die Blättchen abzupfen. Chilis waschen und fein hacken. Fischsauce, Limettensaft, Zucker und Chilis in einer Schüssel verrühren. Alle übrigen Zutaten unterheben.

kräuterwürzig

Scharfer Glasnudelsalat

Fleisch und Garnelen in einem Gericht – das ist typisch asiatisch! Wer das nicht mag, kann den Salat natürlich auch mit nur einem von beiden zubereiten.

100 g Glasnudeln
1 Hähnchenbrustfilet (ca. 150 g)
Salz | Cayennepfeffer
1 EL Sesamöl
1 EL Öl
3 Frühlingszwiebeln
je 1 Bund Koriandergrün und Petersilie
1 große rote Chilischote
2 EL Fischsauce
3 EL Limettensaft
1 TL Zucker
200 g gegarte Garnelen
2 EL geröstete gesalzene Cashewkerne

Für 6 Portionen
40 Min. Zubereitung | 30 Min. Marinieren
Pro Portion ca. 190 kcal, 14 g EW, 8 g F, 14 g KH

1 Die Glasnudeln in einer Schüssel mit kochendem Wasser übergießen und 4 Min. ziehen lassen. In ein Sieb abgießen, etwas abkühlen lassen und mit einer Küchenschere kleiner schneiden.

2 Das Hähnchenfleisch kalt abwaschen, gut abtrocknen, längs halbieren und in kleine Streifen schneiden. Mit Salz, Cayennepfeffer und Sesamöl mischen. Das Öl in einer Pfanne erhitzen. Die Hähnchenstreifen darin unter Wenden in 4–5 Min. goldbraun braten. Etwas abkühlen lassen.

3 Die Frühlingszwiebeln waschen, putzen und schräg in Ringe schneiden. Die Kräuter waschen und trockenschütteln, die Blättchen grob hacken. Die Chilischote waschen und ebenfalls in Ringe schneiden (s. Tipp).

4 Fischsauce, Limettensaft und Zucker in einer Schüssel verrühren. Chiliringe, Kräuter und Frühlingszwiebeln untermischen. Glasnudeln, Hähnchenstreifen und Garnelen unterheben. Den Salat mindestens 30 Min. ziehen lassen.

5 Die Cashewkerne im Mörser grob zerstoßen. Den Glasnudelsalat in Schälchen oder Salatblätter füllen und mit den Nüssen bestreuen.

TIPPS

Wer es nicht allzu scharf liebt, legt die Chiliringe kurz in kaltes Wasser. Dadurch lösen sich auch die Kerne, in denen ein Großteil der Schärfe sitzt. Nach dem Chilischneiden sofort die Hände gründlich waschen!

Statt Koriandergrün schmeckt auch frische Minze sehr lecker und an Stelle der Cashewkerne können Sie zerstoßene Erdnüsse darüber streuen.

Zart umhüllt und gefüllt

Herrlich saftig, unglaublich zart und sehr aromatisch ist das Fleisch, wenn es vor dem Braten in einer Mischung aus Sojasauce, frisch gepresstem Limettensaft und Sesamöl mariniert und anschließend zu einem Überraschungspäckchen mit Frühlingszwiebelstreifen und Mango in Salatblättern verpackt wird.

Marinierte Rindfleischröllchen

3 EL Sojasauce
2 EL Limettensaft
1 EL Sesamöl
1 Knoblauchzehe
12 Scheiben Rinderfilet in Rouladenstärke (je ca. 40 g, vom Metzger schneiden lassen)
12 Kopfsalatblätter
1 Bund Frühlingszwiebeln
1 reife Mango
ca. 2 EL Öl | Salz | Pfeffer

Für 12 Stück | 45 Min. Zubereitung
Pro Stück ca. 100 kcal, 9 g EW, 5 g F, 5 g KH

1 Sojasauce, Limettensaft und Sesamöl in einer Schüssel verrühren. Knoblauch schälen und dazupressen. Das Fleisch in der Würzmischung wenden. Zugedeckt 20 Min. ziehen lassen.

2 Den Salat waschen und die Blattrippen flach schneiden. Die Frühlingszwiebeln waschen, putzen und in Längsstreifen schneiden. Salatblätter und 12 Frühlingszwiebelstreifen in kochendem Wasser 10 Sek. blanchieren, herausnehmen und in Eiswasser abschrecken. Auf sauberen Küchentüchern auslegen. Mango schälen, das Fruchtfleisch vom Stein und in Spalten schneiden.

3 Eine Grillpfanne erhitzen, die Stege einölen. Fleischscheiben etwas trockentupfen, in der Pfanne bei starker Hitze von jeder Seite 1–2 Min. braten. Herausnehmen, salzen, pfeffern. Pfannenstege wieder ölen, die übrigen Frühlingszwiebeln in der Pfanne 1 Min. unter Wenden anbraten. Auf jedes Salatblatt 1 Fleischscheibe, 1–2 Mangospalten und etwas von den Frühlingszwiebeln geben, aufrollen. Mit blanchierten Zwiebelstreifen zusammenbinden.

fruchtig | schnell

Garnelenröllchen

100 g Zuckerschoten
Salz
1 reife Papaya
2 EL Limettensaft
½ Bund Koriandergrün
12 Reispapierblätter (ca. 20 cm Ø)
250 g gegarte Garnelen (Party-Gambas)
6 EL Sweet-Chili-Sauce (Fertigprodukt aus der Flasche)

Für 24 Stück | 25 Min. Zubereitung
Pro Stück ca. 35 kcal, 3 g EW, 1 g F, 7 g KH

1 Die Zuckerschoten waschen, entfädeln und die Enden abknipsen. Salzwasser zum Kochen bringen. Die Zuckerschoten darin in 3–4 Min. bissfest garen. Herausnehmen, kalt abschrecken, abtropfen lassen.

2 Die Papaya halbieren, entkernen und schälen. Jede Hälfte in 6 Spalten schneiden, mit dem Limettensaft beträufeln. Das Koriandergrün waschen und trockenschütteln, die Blättchen abzupfen.

3 Warmes Wasser in eine Schüssel geben, saubere Küchentücher bereitlegen. Die Reispapierblätter nacheinander ca. 10 Sek. eintauchen und auf den Küchentüchern ausbreiten. Jeweils in die Mitte der Blätter 1 Papayaspalte, 3–4 Garnelen und einige Zuckerschotenstücke legen. ½ EL Chilisauce und etwas Koriandergrün darüber verteilen. Das Blatt von unten auf die Füllung legen und einmal aufwickeln. Die Seiten nach innen falten und weiteraufrollen. Bis zum Servieren mit einem feuchten Küchentuch abdecken, damit sie nicht austrocknen. Zum Servieren jedes Röllchen schräg halbieren.

vegetarisch | gelingt leicht

Reispapierröllchen

200 g Tofu
2 Möhren
3 Frühlingszwiebeln
2 Knoblauchzehen
1 Stück frischer Ingwer (ca. 3 cm)
1 EL Öl | 1 TL Zucker
2 EL Sojasauce
2 EL geröstete gesalzene Erdnüsse (nach Belieben)
20 kleine Reispapierblätter (ca. 16 cm Ø)

Für 20 Stück | 45 Min. Zubereitung
Pro Stück ca. 70 kcal, 2 g EW, 2 g F, 10 g KH

1 Tofu fein hacken. Möhren putzen, schälen und in sehr feine Stifte schneiden oder grob raspeln. Die Frühlingszwiebeln waschen, putzen und die weißen und grünen Teile getrennt in feine Scheiben schneiden. Knoblauch und Ingwer schälen, fein hacken.

2 Wok oder Pfanne erhitzen. Das Öl hineingeben, Knoblauch und Ingwer darin 1 Min. anbraten. Tofu und weiße Frühlingszwiebeln dazugeben und bei starker Hitze 2 Min. pfannenrühren. Möhren dazugeben, Zucker und Sojasauce unterrühren. Wok oder Pfanne vom Herd nehmen, das Frühlingszwiebelgrün untermischen und abkühlen lassen. Nach Belieben die Erdnüsse im Mörser grob zerstoßen und untermischen.

3 Warmes Wasser in eine Schüssel geben, saubere Küchentücher bereitlegen. Reispapierblätter nacheinander ca. 10 Sek. eintauchen, auf den Tüchern ausbreiten. Jeweils in die Mitte der Blätter 1 gehäuften EL Füllung geben, die Blätter einrollen.

links: Garnelenröllchen | rechts: Reispapierröllchen

goldbraun und knusprig

Frühlingsröllchen mit Sweet-Chili-Dip

Für die Füllung
50 g Glasnudeln
4 Korianderwurzeln
4 Knoblauchzehen
2 TL weiße Pfefferkörner
je 100 g Weißkohl und Möhren (geputzt gewogen)
50 g Sojabohnensprossen
2 EL Öl
2 EL Sojasauce | 1 EL Zucker
Für den Dip
1 Stück Salatgurke (ca. 3 cm)
1 Stängel Koriandergrün
6 EL Sweet-Chili-Sauce (Fertigprodukt aus der Flasche)
Außerdem
20 TK-Frühlingsrollen-Teigblätter (12 x 12 cm, Fertigprodukt aus dem Asienladen)
1 Eigelb
Öl zum Frittieren

Für 20 Stück | 1 Std. Zubereitung
Pro Stück ca. 120 kcal, 2 g EW, 8 g F, 10 g KH

1 Frühlingsrollen-Teigblätter auftauen lassen. Glasnudeln mit kochendem Wasser überbrühen und 3–4 Min. ziehen lassen. Durch ein Sieb abgießen, abtropfen lassen und mit einer Küchenschere in ca. 3 cm lange Stücke schneiden.

2 Korianderwurzeln waschen, Knoblauch schälen. Beides zerkleinern, mit den Pfefferkörnern im Mörser fein zerstoßen. Weißkohl in feine Streifen schneiden. Möhren grob raspeln. Sojabohnensprossen in einem Sieb kalt abbrausen und abtropfen lassen.

3 Wok oder Pfanne erhitzen. Öl zugeben, die Mischung aus dem Mörser darin bei starker Hitze 1 Min. anbraten. Weißkohl und Möhren dazugeben und 1 Min. pfannenrühren. Sojabohnensprossen untermischen und 1 Min. mitbraten (Bild 1). Mit Sojasauce und Zucker würzen. Vom Herd nehmen, Glasnudeln dazugeben und untermischen. Die Füllung abkühlen lassen.

4 Für den Dip die Gurke schälen, entkernen und sehr fein würfeln. Koriandergrün waschen, den Stiel fein, die Blättchen grob hacken. Beides mit der Sweet-Chili-Sauce verrühren, beiseite stellen.

5 Die Frühlingsrollen-Teigblätter jeweils mit der Spitze nach vorne auf die Arbeitsfläche legen. 1 gehäuften EL Füllung darauf geben und in der Mitte verteilen. Die vordere Teigecke darüber schlagen und einmal fest aufwickeln. Die seitlichen Ecken nach innen falten und weiteraufrollen. Mit den Fingern die noch offene Teigecke mit Eigelb bestreichen (Bild 2) und festdrücken.

6 Öl im (gereinigten) Wok oder in einer Fritteuse zum Frittieren erhitzen. Es ist heiß, wenn an einem Holzlöffelstiel, den Sie hineinhalten, kleine Bläschen aufsteigen. Frühlingsröllchen darin portionsweise in jeweils 4–5 Min. goldbraun frittieren. Herausheben und auf Küchenpapier abtropfen lassen. Mit dem Dip anrichten und lauwarm servieren.

AUSTAUSCH-TIPP

Wer Fleischfüllungen bevorzugt, brät mit der Würzmischung aus dem Mörser 100 g Schweinehackfleisch an und lässt dafür eventuell die Sojabohnensprossen weg.

1

2

3

zart gedämpft

Garnelen-Wantans

20 TK-Wantan-Teigblätter (S. 59)
300 g rohe Garnelen (küchenfertig geschält)
1 Knoblauchzehe
1 Stück frischer Ingwer (ca. 3 cm)
1 EL Fischsauce
1 Bund Koriandergrün
1 Wok-Dämpfeinsatz (oder Bambusdämpfkorb aus dem Asienladen)

Für 20 Stück | 45 Min. Zubereitung
Pro Stück ca. 50 kcal, 4 g EW, 1 g F, 6 g KH

1 Den Wantan-Teig in der Packung auftauen lassen. Die Garnelen am Rücken einschneiden und den schwarzen Darmfaden entfernen. Das Garnelenfleisch fein hacken. Knoblauch und Ingwer schälen, hacken und mit der Fischsauce untermischen. Mit dem Pürierstab fein pürieren. Das Koriandergrün waschen und trockenschütteln, Blättchen und zarte Stiele fein hacken und unter die Garnelenmasse mischen.

2 Jeweils einige Wantan-Blätter auf der Arbeitsfläche auslegen (die übrigen mit einem feuchten Tuch abdecken, damit sie nicht austrocknen). Die Ränder dünn mit Wasser einpinseln. Jeweils 1 gehäuften TL Garnelenmasse in die Mitte setzen und den Teig mit beiden Händen darüber zu einem Säckchen zusammendrücken. Wantans in einen Dämpfeinsatz setzen.

3 Wasser (ca. 5 cm hoch) im Wok oder in einem Topf zum Dämpfen erhitzen. Die Wantans zugedeckt über dem Wasserdampf ca. 12 Min. dämpfen.

knusprig frittiert

Hähnchen-Wantans

20 TK-Wantan-Teigblätter (S. 59)
300 g Hähnchenbrustfilet
1 Knoblauchzehe
1 Stängel Koriandergrün mit Wurzel
2 EL Sojasauce
1 TL Zucker | 1 EL Sesamöl
1 Frühlingszwiebel
Öl zum Frittieren

Für 20 Stück | 40 Min. Zubereitung
Pro Stück ca. 110 kcal, 5 g EW, 7 g F, 6 g KH

1 Wantan-Teig in der Packung auftauen lassen. Das Hähnchenfleisch waschen und abtrocknen. Mit einem scharfen Messer fein hacken. Den Knoblauch schälen und hacken. Den Koriander waschen, die Wurzel hacken, das Koriandergrün beiseite legen. Hähnchenfleisch, Knoblauch und Korianderwurzel mit Sojasauce, Zucker und Sesamöl fein pürieren.

2 Die Frühlingszwiebel waschen, putzen und fein würfeln. Das Koriandergrün samt Stängel fein schneiden. Beides unter die Fleischmasse mischen.

3 Einige Wantan-Blätter auf der Arbeitsfläche auslegen (die übrigen mit einem feuchten Tuch abdecken, damit sie nicht austrocknen). Teigränder dünn mit Wasser einpinseln. Je 1 gehäuften TL Hähnchenmasse in die Mitte setzen und den Teig darüber an den Rändern zusammendrücken.

4 Öl im Wok oder in der Fritteuse zum Frittieren erhitzen. Die Wantans darin portionsweise in ca. 2 Min. goldbraun frittieren. Mit einem Schaumlöffel herausheben, auf Küchenpapier abtropfen lassen.

oben: Garnelen-Wantans | unten: Hähnchen-Wantans

thailändisches Edel-Fingerfood

Riesengarnelen im Knusperteig

Mit würziger Erdnuss-Hähnchen-Farce gefüllt und knusprig frittiert – so schmecken Riesengarnelen einfach himmlisch!

10 TK-Frühlingsrollen-Teigblätter (21,5 x 21,5 cm, Fertigprodukt aus dem Asienladen)
2 EL geröstete gesalzene Erdnüsse
1 Knoblauchzehe
1 Stängel Koriandergrün mit Wurzel
120 g Hähnchenbrustfilet
1 EL Öl
2 EL Zucker
20 rohe Riesengarnelen (ohne Kopf, frisch oder TK und aufgetaut, ca. 600 g)
1 Ei
Öl zum Frittieren

Für 20 Stück | 1 Std. Zubereitung
Pro Stück ca. 130 kcal, 9 g EW, 9 g F, 3 g KH

1 Den Frühlingsrollenteig auftauen lassen. Die Erdnüsse im Mörser fein zerstoßen, herausnehmen. Den Knoblauch schälen und hacken. Das Koriandergrün waschen, Wurzel und Stiel etwas zerkleinern, Blätter anderweitig verwenden. Knoblauch, Korianderwurzel und -stiele im Mörser fein zerstoßen.

2 Das Fleisch waschen und abtrocknen, mit einem scharfen Messer sehr fein hacken.

3 Das Öl in einer Pfanne erhitzen. Den Mörserinhalt hineingeben und kurz anbraten. Hähnchenfleisch dazugeben und unter Rühren 5 Min. braten. Den Zucker hinzufügen und weiterbraten, bis er karamellisiert. Leicht salzen und die Erdnüsse unterrühren. Vom Herd nehmen und abkühlen lassen. Die Masse in den Möser geben und zerstampfen, bis eine feste Paste entsteht.

4 Die Riesengarnelen so schälen, dass die Schwanzflosse erhalten bleibt. Am Rücken so einschneiden, dass eine kleine Tasche für die Füllung entsteht, die beiden Hälften aber noch zusammenhalten. Dabei den schwarzen Darmfaden entfernen. Jede Garnele mit 1 TL Hähnchenmasse füllen und zusammendrücken.

5 Das Ei in einem Schälchen verschlagen. Die Frühlingsrollen-Teigblätter diagonal halbieren. Die drei Spitzen mit etwas Ei befeuchten. Je eine Garnele so darauf legen, dass die Schwanzflosse an der Längsseite herausragt. Obere Teigecke einklappen, Seiten um die Garnele wickeln und festdrücken.

6 Öl im Wok oder in der Fritteuse zum Frittieren erhitzen. Jeweils 5–6 Garnelen hineingeben und in 4–5 Min. goldbraun frittieren. Die Garnelen mit einem Schaumlöffel herausheben und auf Küchenpapier abtropfen lassen. Dazu schmeckt z. B. der Chili-Dip von Seite 10.

frisch & leicht

Sushi mit Avocado und Tunfisch

Das zarte Meeresaroma der Algenblätter und die Schärfe der Wasabi-Paste geben den Sushi den original japanischen Geschmackskick.

Für den Reis
200 g Sushi-Reis
Reisessig
⅓ TL Salz | Zucker
Für die Füllung
200 g sehr frischer Tunfisch (Sushi-Qualität, S. 6)
½ reife Avocado
2 EL Limettensaft
2 TL Wasabi-Paste (aus der Tube)
Außerdem
2 gepresste geröstete Nori-Blätter
1 Bambusmatte zum Rollen

Für 24 Stück | 1 Std. Zubereitung
Pro Stück ca. 70 kcal, 3 g EW, 4 g F, 6 g KH

1 Den Reis in einem Sieb gründlich waschen und abtropfen lassen. Mit 300 ml Wasser in einem Topf aufkochen und zugedeckt bei schwacher Hitze 10 Min. kochen lassen. Den Topf vom Herd nehmen, mit einem Küchentuch abdecken und weitere 10 Min. quellen lassen.

2 Inzwischen 3 EL Essig mit Salz und 1 Prise Zucker verrühren. Den Reis in eine Schüssel füllen und die Essigmischung mit einem Holzspatel unterheben (Bild 1). Den Reis mit dem Holzspatel immer wieder vorsichtig wenden, damit er schnell abkühlt. Dabei möglichst nicht Rühren, so dass die Reiskörner nicht zerquetscht werden!

3 Den Tunfisch mit einem scharfen Messer in ca. ½ cm dicke Streifen schneiden. Die Avocado schälen, ebenfalls in Streifen schneiden und mit dem Limettensaft beträufeln.

4 Eine Schale mit Wasser und 1 Spritzer Reisessig bereitstellen. Die Bambusmatte auf die Arbeitsfläche legen. 1 Nori-Blatt mit einer Schere längs halbieren und eine Hälfte mit der rauen Seite nach oben darauf legen. Den Reis ca. ½ cm hoch darauf verteilen, dabei immer wieder die Finger im Essigwasser befeuchten. An der oberen Längsseite einen ca. 2 cm breiten Rand frei lassen.

5 Je 1 Tunfisch- und Avodadostreifen quer in die Mitte legen und mit Wasabi-Paste bestreichen. Mithilfe der Bambusmatte aufrollen (Bild 2) und vorsichtig zusammendrücken, so dass eine feste Rolle entsteht. Die Rolle mit einem sehr scharfen Messer in 6 Stücke schneiden, dabei das Messer immer wieder in das Essigwasser tauchen. Alles dreimal wiederholen, bis alle Zutaten aufgebraucht sind.

UND DAZU?

Servieren Sie Schälchen mit Sojasauce und einem kleinen Klecks Wasabi-Paste dazu, in die jeder seine Röllchen eintunken kann. Als erfrischende Beilage gibt es »Gari«, sauer eingelegte Ingwerscheiben (bekommen Sie fertig im Beutel im Asienladen).

1

2

3

fruchtig & leicht

Kokosreisröllchen

300 g Sushi-Reis
4½ EL Reisessig
½ TL Salz | Zucker
100 g Kokosraspel
200 g sehr frisches Lachsfilet (Sushi-Qualität, S. 6)
1 reife Papaya | 2 EL Limettensaft
4 TL Wasabi-Paste (aus der Tube)
Alufolie
1 Bambusmatte zum Rollen

Für 20 Stück
1 Std. Zubereitung | 1 Std. Kühlen
Pro Stück ca. 110 kcal, 4 g EW, 5 g F, 12 g KH

1 Sushi-Reis nach der Anleitung auf Seite 46 mit 400 ml Wasser zubereiten und auskühlen lassen. Kokosraspel goldbraun rösten, abkühlen lassen.

2 Lachs in ca. 1 cm breite Streifen schneiden. Papaya halbieren, entkernen, schälen. Fruchtfleisch in Streifen schneiden, mit Limettensaft beträufeln.

3 Alufolie in vier Stücke schneiden, jeweils auf die Bambusmatte legen. Darauf Kokosraspel zu einem Rechteck von ca. 12 x 18 cm ausstreuen. Reis darauf geben (Finger befeuchten S. 46!). Wasabi-Paste, Fisch und Papaya mittig darauf verteilen. Mithilfe der Bambusmatte fest aufrollen, 1 Std. kalt stellen.

4 Rollen auswickeln, mit einem scharfen Messer schräg in 5 Stücke schneiden, dabei das Messer immer wieder in Wasser mit 1 Spritzer Essig tauchen.

TAUSCH-TIPP

Wer keinen rohen Fisch mag, kann ihn durch Salatgurken-, Melonen- oder Mangostreifen ersetzen.

erfordert etwas Fingerfertigkeit

Lachstütchen

200 g Sushi-Reis
3 EL + 1 Spritzer Reisessig
⅓ TL Salz | Zucker
150 g Räucherlachs
3 Frühlingszwiebeln
⅓ Salatgurke
6 gepresste geröstete Nori-Blätter
2 TL Wasabi-Paste (aus der Tube)
80 g Forellenkaviar

Für 12 Stück | 1 Std. Zubereitung
Pro Stück ca. 120 kcal, 7 g EW, 5 g F, 12 g KH

1 Sushi-Reis nach der Anleitung auf Seite 46 zubereiten und auskühlen lassen.

2 Lachs in Streifen schneiden. Frühlingszwiebeln waschen, putzen, in feine Streifen schneiden. Gurke schälen, entkernen, in Streifen schneiden.

3 Eine Schale mit Wasser und 1 Spritzer Reisessig bereitstellen. Die Nori-Blätter mit einer Schere vierteln. Jeweils 1 Stück in die Hand nehmen und auf einer Seite 1 gehäuften EL Reis verteilen (Finger befeuchten S. 46!). Etwas Wasabi-Paste darauf verstreichen und Lachs-, Frühlingszwiebel- und Gurkenstreifen darauf verteilen. Das belegte Nori-Blatt zu einer Spitztüte formen und die Naht mit Reiskörnchen verkleben. Auf eine Platte legen. Jeweils mit ⅓ TL Forellenkaviar garnieren.

TIPP – STÜCKE STATT TÜTCHEN

Wem das Tütchenformen zu kompliziert ist, rollt die Zutaten wie auf Seite 46 gezeigt in ein Nori-Blatt ein. In Stücke schneiden, hinstellen, Kaviar darauf geben.

links: Lachstütchen | rechts: Kokosreisröllchen

fein & knusprig

Samosas

Die vegetarisch gefüllten Teigtaschen sind der Streetfood-Klassiker in der indischen Gewürzküche.

Für die Füllung
600 g mehlig kochende Kartoffeln
Salz
150 g TK Erbsen
1 Stück frischer Ingwer (ca. 3 cm)
1 Bund Koriandergrün
2 EL Öl
1 TL Kreuzkümmelsamen
½ TL Chilipulver
½ TL Garam masala
Für den Teig
Salz
250 g Mehl
5 EL Öl
Außerdem
Mehl für die Arbeitsfläche
Öl zum Frittieren

Für 20 Stück
1 Std. Zubereitung | 30 Min. Ruhen
Pro Stück ca. 160 kcal, 3 g EW, 10 g F, 15 g KH

1 Die Kartoffeln waschen und mit Salzwasser bedeckt in einem Topf in ca. 25 Min. garen. Erbsen auf einen Teller geben und antauen lassen.

2 Inzwischen für den Teig das Mehl mit ½ TL Salz in eine Schüssel geben. Das Öl und ⅛ l Wasser dazugeben und zu einem festen Teig verkneten. Zugedeckt 30 Min. ruhen lassen.

3 Den Ingwer schälen und fein reiben. Das Koriandergrün waschen und trockenschütteln, die Blättchen und zarten Stiele fein schneiden. Die Kartoffeln abgießen, kalt abschrecken, pellen und mit einer Gabel fein zerdrücken.

4 Das Öl in einer Pfanne erhitzen. Den Kreuzkümmel darin 1 Min. anrösten, bis er duftet. Den Ingwer dazugeben und unter ständigem Rühren anbraten. Kartoffeln, Erbsen und Chilipulver unterrühren, salzen und unter Rühren ca. 5 Min. braten. Koriandergrün und Garam masala untermischen. Vom Herd nehmen und abkühlen lassen.

5 Teig in 10 Portionen teilen, zu Kugeln formen. Auf der bemehlten Arbeitsfläche zu Kreisen von ca. 16 cm Ø ausrollen. Die Teigkreise mit einem scharfen Messer halbieren. Jeweils 1 gehäuften EL Füllung auf eine Seite geben, die andere Seite darüber klappen und die Ränder zusammendrücken.

6 Öl im Wok oder in der Fritteuse zum Frittieren erhitzen. Die Samosas darin portionsweise in 3–4 Min. goldbraun frittieren. Mit einem Schaumlöffel herausheben und auf Küchenpapier abtropfen lassen.

VARIANTEN

Sie können die Samosas auch mit einer Hackfleischmasse füllen oder andere Gemüsesorten wie Blumenkohl, Möhren oder Bohnen unter die Kartoffeln mischen.

1

2

3

4

5

macht was her

Korianderhähnchen im Padanusblatt

Ganz schön verwickelt, diese Päckchen aus Padanusblatt, oder? Wenn Sie den Dreh aber erst einmal raushaben, geht's ruck, zuck!

Für die Füllung
2 Stängel Zitronengras
2 Korianderwurzeln
2 Knoblauchzehen
2 TL weiße Pfefferkörner
400 g Hähnchenbrustfilet
1 EL Zucker
3 EL helle Sojasauce
2 EL dunkle Sojasauce (S. 59)
1 EL Sesamöl
2 EL Sesamsamen
2 EL Öl

Für den Dip
4 EL dunkle Sojasauce (S. 59)
½ TL Sesamsamen

Außerdem
20 Padanusblätter (aus dem Asienladen, s. Tipp)

Für 20 Stück
1 Std. Zubereitung | 1 Std. Marinieren
Pro Stück ca. 80 kcal, 6 g EW, 3 g F, 8 g KH

1 Das Zitronengras von den äußeren harten Blättern befreien, das weiche untere Drittel fein schneiden. Die Korianderwurzeln waschen und fein hacken. Den Knoblauch schälen und zerkleinern. Alles mit den Pfefferkörnern im Mörser fein zerstoßen (Bild 1).

2 Das Hähnchenfleisch kalt abspülen, trockentupfen und in ca. 2 cm große Würfel schneiden. In einer Schüssel mit der Würzmischung aus dem Mörser, Zucker, den beiden Sojasaucen, Sesamöl und Sesamsamen vermischen. Zugedeckt 1 Std. ziehen lassen.

3 Die Padanusblätter in der Mitte so knicken, dass eine kleine Tasche entsteht (Bild 2 links, weiter im Uhrzeigersinn). Ein Stückchen Hähnchenfleisch in die Tasche stecken. Ein Blattende um das Fleischstück legen, das andere Ende in entgegengesetzter Richtung darüber legen, wenden. Erst das eine, dann das andere lose Ende durch die entstandene Schlaufe stecken. Die Blattenden mit einer Schere kürzen (Bild 3).

4 Öl im Wok oder in der Fritteuse zum Frittieren erhitzen. Die Päckchen darin portionsweise bei mittlerer Hitze ca. 4–5 Min. frittieren (Bild 4), dabei gelegentlich wenden. Wenn das Fleisch durch ist, schwimmen die Päckchen an der Oberfläche.

5 Für den Dip die Sojasauce in ein Schälchen füllen und mit den Sesamsamen bestreuen und dazu servieren. Zum Essen die Hähnchenstücke aus der Blatthülle befreien und eindippen.

GUT ZU WISSEN

Padanusblätter sind schmale lanzettförmige Blätter, die das Fleisch beim Frittieren schützend umhüllen und zart aromatisieren. Wenn Sie keine bekommen, wickeln Sie das marinierte Hähnchenfleisch einfach in Bananenblatt- oder Pergamentpapierstreifen.

klein & fein

Goldsäckchen mit Pflaumensauce

Königlicher Genuss aus Thailand: Das Rezept für diese würzig gefüllten Teigtäschchen entstammt der Royal Thai Cuisine.

20 TK-Frühlingsrollen-Teigblätter (12 x 12 cm, Fertigprodukt aus dem Asienladen)
1 Stängel Koriandergrün mit Wurzel
1 Knoblauchzehe
½ TL weiße Pfefferkörner
1 Schalotte
4–5 Wasserkastanien (aus der Dose, S. 59)
150 g Schweinehackfleisch
1 TL Zucker
1 EL helle Sojasauce
2–3 Frühlingszwiebeln
Außerdem:
2–3 EL Mehl für die Arbeitsfläche
Öl zum Frittieren
6 EL süßsaure Pflaumensauce (Fertigprodukt aus dem Asienladen)

Für 20 Stück | 1 Std. Zubereitung
Pro Stück ca. 120 kcal, 3 g EW, 9 g F, 6 g KH

1 Den Frühlingsrollenteig auftauen lassen. Den Koriander waschen, die Wurzel abschneiden und fein hacken, den Rest beiseite legen. Knoblauch schälen und etwas zerkleinern. Beides mit den Pfefferkörnern im Mörser fein zerstoßen.

2 Schalotte schälen und fein hacken. Wasserkastanien kalt abspülen, abtropfen lassen und fein hacken. Korianderblättchen und -stiele fein hacken. Beides mit Hackfleisch und der Würzmischung aus dem Mörser in eine Schüssel geben. Zucker und Sojasauce dazugeben und alles verkneten.

3 Frühlingszwiebeln waschen und putzen, in 20 ca. 15 cm lange Streifen schneiden und in kochendem Wasser 10 Sek. blanchieren. Herausnehmen und auf Küchenpapier abtropfen lassen.

4 Frühlingsrollen-Teigblätter vorsichtig ablösen und auf die bemehlte Arbeitsfläche legen. Je 1 TL Füllung in die Mitte setzen und den Teig darüber zu einem Säckchen zusammendrücken. Jeweils mit einem Frühlingszwiebelstreifen zusammenbinden. Tipp: Stellen Sie die Säckchen zum Binden in ein Schälchen oder eine Espressotasse, dann geht's ganz leicht.

5 Öl im Wok oder in der Fritteuse zum Frittieren erhitzen. Die Goldsäckchen darin portionsweise in 4–5 Min. goldbraun frittieren. Mit einem Schaumlöffel herausheben und auf Küchenpapier abtropfen lassen. Die Pflaumensauce in ein Schälchen füllen und zu den lauwarmen Goldsäckchen servieren.

AUSTAUSCH-TIPPS

Wer kein Schweinehackfleisch mag, kann stattdessen Rinderhackfleisch oder klein gewürfelten Tofu verwenden. Wasserkastanien können Sie weglassen oder durch 3 EL fein gehackte Maiskörner aus der Dose ersetzen.

SERVIER-TIPP

Frittierte Snacks sind manchmal etwas schwer verdaulich, deshalb isst man in Thailand frische Gurkenscheiben dazu. Mit hübschem Zackenrand sind sie zugleich etwas fürs Auge.

Dekorative Schälchen für Snacks und Salate

Das Auge isst bekanntlich mit: In essbaren Schälchen oder Blättern hübsch verpackt und präsentiert schmecken die Asia-Häppchen noch mal so gut.

Gurkentürmchen sind ideal zum Füllen mit Asia-Salaten. Dafür eine Salatgurke waschen, abtrocknen und die Schale mit einem Zestenreißer (oder einem scharfen Messer) beliebig einkerben. Gurke in 2–3 cm dicke Scheiben schneiden und diese oben mit einem Kugelausstecher aushöhlen. Für **Gurkenschiffchen** die verzierte Gurke längs halbieren, entkernen und die Hälften schräg in 6–7 cm lange Stücke schneiden.

Paprikaschälchen für Salate oder Röllchen: Den Stiel flach abschneiden, die Schote mit einem spitzen Messer entlang der gedachten Mittellinie zickzackförmig einschneiden, so dass zwei Hälften entstehen. Die Hälften entkernen, waschen und abtropfen lassen. Und so sehen die Schälchen noch filigraner aus: Unterhalb der Zacken im Abstand von ca. 5 mm je eine kleine Raute ausschneiden und entfernen.

Salatblätter, z. B. Kopfsalat-, Radicchio- oder Chicoréeblätter, haben eine natürliche Schälchenform und lassen sich prima mit Salaten, Spießchen und Röllchen füllen. Als Farbkontrast können Sie die Platte, auf der Sie anrichten, noch mit einem Bananenblatt belegen.

Tipp: Da Salatblätter schnell schlapp machen, füllen Sie die Blätter am besten erst kurz bevor die Gäste eintreffen.

Bananenblattschälchen geben Ihrem Büfett den originalen Asia-Touch, denn in Thailand werden darin Salate und Dips serviert. Dafür das Bananenblatt mit einem feuchten Tuch abwischen. Damit es beim Schneiden und Falten nicht bricht, bewegen Sie es über der heißen Herdplatte oder der Gasflamme hin und her, bis das Blatt weich und biegsam ist. Das so vorbereitete Blatt auf eine feste Unterlage legen, einen Teller mit 12–15 cm Ø darauf setzen und mit dem Cutter oder einem scharfen Messer tellergroße Kreise ausschneiden.

Für jedes Schälchen 2 Bananenblattkreise aufeinander legen. Den Rand an vier gegenüberliegenden Stellen ca. 1 cm übereinander schieben und mit dem Tacker fixieren, so dass Körbchen entstehen. Den Körbchenrand nach Belieben mit einer Schere zackenfömig einschneiden.

Knusperteigschälchen aus Frühlingsrollenteig sehen profimäßig aus und sind schnell gemacht: Für 6 Stück 12 TK-Frühlingsrollen-Teigblätter (10 x 10 cm) auftauen lassen. Je 2 Teigblätter auf der Arbeitsfläche versetzt aufeinander legen. Die acht Spitzen mit Eigelb einpinseln. In die gefetteten Mulden eines Muffinblechs drücken, die Spitzen nach außen biegen. Im vorgeheizten Backofen bei 200° (Mitte, Umluft 180°) ca. 5 Min. backen. In der Form auskühlen lassen.

Ajwain

Verdauungsförderndes, vom Duft her an Thymian erinnerndes Gewürz, das in Indien schwer verdaulichen Gerichten wie Frittiertem beigemischt wird. Ist im Asienladen erhältlich. In einem Schraubglas trocken und dunkel gelagert hält es sich ca. 1 Jahr.

Bananenblätter

Die großen dunkelgrünen Blätter der Bananenstaude werden nicht nur zum Anrichten von Salaten und Dips eingesetzt, sondern auch als schützende Hülle zum Garen von Fisch, Fleisch oder Gemüse. Lassen Sie sich im Asienladen die gewünschte Menge abschneiden; abgerechnet wird nach Gewicht.

Currypaste

Würzmischung aus Chilischoten, Zitronengras, Galgant, Knoblauch und vielem mehr. Für die Rezepte in diesem Buch brauchen Sie nur rote Thai-Currypaste, die sehr würzig und ziemlich scharf ist. Also sparsam dosieren! Die Paste bekommen Sie im Asienladen im Beutelchen oder im Supermarkt im Glas.

Fischsauce

Sie ersetzt in der asiatischen Küche oft das Salz. Fischsauce wird aus vergorenen Fischen und Garnelen hergestellt – riecht daher etwas streng. Nach dem Öffnen der Flasche hält sich die Sauce gut verschlossen und kühl gelagert bis zu 1 Jahr.

Galgant

Eine dem Ingwer verwandte cremefarbene Wurzel mit rosafarbenen Trieben, vom Geschmack her allerdings nicht vergleichbar. Er gibt Suppen und Currypasten ein herb-aromatisches, leicht scharfes Aroma. Die Wurzel bekommen Sie frisch im Asienladen. Sie lässt sich auch gut einfrieren.

Kaffir-Limettenblätter

Gari

Sauer eingelegte Ingwerscheiben, die als erfrischende Beilage zu Sushi schmecken. In Beuteln verpackt oder im Glas ist Gari im Asienladen und im Asienregal im Supermarkt erhältlich.

Ghee

In Indien wird viel mit Ghee, einer Art Butterschmalz, gekocht. Es verleiht den Speisen ein buttriges, leicht nussiges Aroma. Sie bekommen es im Asien- oder Bioladen.

Kaffir-Limettenblätter

geben Suppen und Snacks eine sanfte zitronige Frische. Für Suppen reißt man die Ränder ein, damit sie ihr Aroma optimal abgeben, und vor dem Essen werden sie wieder entfernt. In haarfeine Streifen geschnitten wie in den Fischplätzchen von S. 10 intensivieren sie den Geschmack und werden mitgegessen. Sie lassen sich gut auf Vorrat einfrieren.

Kichererbsenmehl

Es wird aus Kichererbsen hergestellt und in der indischen Küche als Bindemittel oder für Frittierteig verwendet. Es absorbiert nur wenig Fett, das Frittiergut muss deshalb nicht auf Küchenpapier abtropfen. Achten Sie beim Kauf unbedingt auf das Haltbarkeitsdatum. Bewahren Sie es kühl und in einer gut schließenden Dose auf, denn es wird schnell ranzig.

Mirin

Süßer Reiswein, der zum Kochen und für Dips verwendet wird. Falls Sie ihn nicht bekommen, ersetzen Sie ihn durch Sherry medium. Die angebrochene Flasche kühl lagern.

Nori

Die gerösteten, gepressten Algenblätter werden für Sushi verwendet. Angebrochene Packungen schnell aufbrauchen, weil die Blätter schnell austrocknen. Nori-Blätter sind im Asienladen erhältlich.

Papaya, Grüne

Die unreifen Früchte mit blassgrünem Fruchtfleisch sind in der Thai-Küche eine beliebte Salatzutat. Die Früchte gibt es im Asienladen, wenn nicht, ersetzen Sie die Papaya für den Papaya-Shrimps-Salat von Seite 32 durch eine harte, noch unreife Mango oder Weißkohl.

Padanusblätter

Schmale lanzettförmige Blätter, die in Thailand zum Aromatisieren von Desserts und als schützende Hülle für frittierte Snacks verwendet werden. Wenn Sie in Ihrem Asienladen nicht fündig werden, schneiden Sie Bananenblätter in Streifen.

Palmzucker

Er wird aus dem Saft von Kokospalmen gewonnen und hat ein angenehmes Karamellaroma. Palmzucker bekommen Sie zu Plätzchen gepresst im Asienladen. Als Ersatz geht auch brauner Zucker.

Sojasauce

Reisessig

Er wird aus Reismaische hergestellt. Mit hellem japanischem Reisessig säuern Sie z. B. Sushi-Reis. Sein mildes Aroma eignet sich auch gut zum Abschmecken von Dips.

Sojasauce

Helle Sojasauce ersetzt wie die Fischsauce oft das Salz. Dunkle Sojasauce schmeckt süß und verleiht Marinaden ein feines Karamellaroma. Pur schmeckt sie als Dip zu frittiertem Fleisch.

Tamarinde

Die schotenförmige, braunschalige Frucht des Tamarindenbaumes ist frisch kaum zu bekommen. Im Asienladen gibt es gepresste Tamarinde, sie muss vor der Verwendung in Wasser eingeweicht werden. Der so gewonnene aromatische Saft verleiht Gerichten ein säuerlichfruchtiges Aroma.

Thai-Schalotten

Sie sind klein und zart und schmecken besonders roh in Salaten milder und süßer als die Schalotten hier zu Lande. Als Ersatz können Sie die halbe Menge heimischer Schalotten nehmen.

Wantan-Teig

Teigblätter aus Weizenmehl, die Sie tiefgekühlt im Asienladen bekommen. Der Teig trocknet schnell aus und wird spröde, deshalb müssen Sie ihn fix verarbeiten und immer mit einem feuchten Tuch abdecken.

Wasserkastanien

Ungeschält sehen sie wie große Kastanien aus, botanisch sind sie die Wurzelknollen einer tropischen Sumpfpflanze. Ihr festes, helles Fruchtfleisch hat einen knackigen Biss und schmeckt leicht süßlich.

Thai-Schalotten

Zum Gebrauch
Damit Sie Rezepte mit bestimmten Zutaten noch schneller finden können, stehen in diesem Register zusätzlich auch beliebte Zutaten wie **Garnelen** oder **Mango** – ebenfalls alphabetisch geordnet und **hervorgehoben** – über den entsprechenden Rezepten.

DAS ORIGINAL MIT GARANTIE

Ihre Meinung ist uns wichtig. Deshalb möchten wir Ihre Kritik, aber auch Ihr Lob erfahren, um als führender Ratgeberverlag noch besser zu werden. Darum schreiben Sie uns! Wir freuen uns auf Ihre Post und wünschen Ihnen viel Spaß mit Ihrem GU-Ratgeber.

Unsere Garantie: Sollte ein GU-Ratgeber einmal einen Fehler enthalten, schicken Sie uns das Buch mit einem kleinen Hinweis und der Quittung innerhalb von sechs Monaten nach dem Kauf zurück. Wir tauschen Ihnen den GU-Ratgeber gegen einen anderen zum selben oder ähnlichen Thema um.

GRÄFE UND UNZER VERLAG

Redaktion Kochen & Verwöhnen

Postfach 86 03 13
81630 München
Fax: 0 89/4 19 81-113

oder schreiben Sie uns eine E-Mail an:
leserservice@graefe-und-unzer.de

Programmleitung: Doris Birk
Leitende Redakteurin: Birgit Rademacker
Redaktion: Sigrid Burghard
Lektorat: Maryna Zimdars
Layout, Typografie und Umschlaggestaltung: independent Medien-Design, München
Satz: Liebl Satz+Grafik, Emmering
Herstellung: Petra Roth
Reproduktion: Penta Repro, München
Druck und Bindung: Firmengruppe Appl, Wemding

ISBN (10) 3-8338-0657-5
ISBN (13) 978-3-8338-0657-5

1. Auflage 2007

GRÄFE UND UNZER

Ein Unternehmen der
GANSKE VERLAGSGRUPPE

100 JAHRE GANSKE VERLAGSGRUPPE

Die Autorin

Margit Proebst studierte Kunstgeschichte und Philosophie. 1999 machte die passionierte Köchin ihr Hobby zum Beruf und arbeitet seither als Kochbuchautorin und Foodstylistin. Ihr Faible für die asiatische Küche führt sie regelmäßig auf Reisen in den Fernen Osten. Einen Teil der Rezepte für dieses Buch kreierte sie nicht nur in ihrer Münchner Küche, sondern direkt vor Ort.

Die Fotografinnen

Ulrike Schmid und **Sabine Mader** arbeiten seit Jahren als eingespieltes Team in ihrem Fotostudio **Fotos mit Geschmack**. Inspiration finden sie auf ihren Reisen, immer auf der Suche nach ausgefallenen Requisiten. Unterstützt wurden sie von Margit Proebst (Foodstyling) und Laura Schmid (Handmodell).

Bildnachweis:

Titelfoto: Joerg Lehmann, Paris; Seite 4: Margit Proebst; alle anderen: Fotos mit Geschmack, Alling

Titelbildrezepte

Zitronengrasspieße, Seite. 12; Reispapierröllchen, Seite 38

GU-EXPERTEN-SERVICE

Haben Sie Fragen zu den Rezepten oder benötigen Sie weiteren Rat zum Thema? Dann schreiben Sie uns. Unsere Experten helfen Ihnen gerne weiter. Unsere Adresse finden Sie links.

Süße Häppchen im Sushi-Look

Pistazienröllchen

Für 12 Stück 150 g Hüttenkäse in ein feines Sieb geben und abtropfen lassen. 200 g Marzipanrohmasse zwischen zwei Lagen Klarsichtfolie ca. 15 x 30 cm groß ausrollen. 3 EL Pistazienkerne mittelfein hacken. Obere Folie abziehen, Pistazien auf der Marzipanrohmasse verteilen und andrücken. Mit der Pistazienseite auf eine Bambusmatte legen. Folie abziehen und den Hüttenkäse auf dem Marzipan verteilen, dabei an den langen Seiten einen Rand von ca. 2 cm frei lassen. Frische Mango- und Honigmelonenstreifen in die Mitte des Rechtecks setzen, mithilfe der Bambusmatte aufrollen, die Naht andrücken. Die Rolle 1 Std. kalt stellen. Mit einem scharfen Messer in 12 Stücke schneiden, dabei das Messer in kaltes Wasser mit 1 Spritzer Zitronensaft tauchen.

Kokosröllchen

Für 12 Stück je 2 EL Zitronat und Orangeat fein hacken, mit 2 EL Brandy oder Orangenlikör vermischen. 5 EL Kokosraspel goldbraun rösten, abkühlen lassen. 100 g Sushi-Reis nach dem Rezept von Seite 46 zubereiten. Essig und Salz durch 2 EL Limettensaft und 1 EL Puderzucker ersetzen und verrühren, die Früchtemischung unterrühren. Alles unter den Reis heben und auskühlen lassen. 3 EL Kokosraspel auf Alufolie zu einem Rechteck von ca. 12 x 30 cm ausstreuen. Den Reis darauf verteilen, die übrigen Kokosraspel darüber streuen. Mithilfe der Folie zu einer festen Rolle aufwickeln. Die Rolle 1 Std. kalt stellen. Mit einem scharfen Messer in 12 Stücke schneiden, dabei das Messer immer wieder in kaltes Wasser mit 1 Spritzer Zitrone tauchen.

Marzipantütchen

200 g Doppelrahmfrischkäse, 2 EL Puderzucker und 2 EL Zitronensaft verrühren. 1 Kiwi und ½ reife Mango schälen, beides in feine Spalten schneiden. 200 g Marzipanrohmasse zwischen zwei Lagen Klarsichtfolie ca. 18 x 24 cm groß ausrollen. Folien entfernen, das Rechteck auf einer festen Unterlage in 12 Quadrate zu je ca. 6 x 6 cm schneiden. Jedes Quadrat zu einem Tütchen formen, die Naht andrücken. Vorsichtig jeweils mit Frischkäsecreme und 2–3 Fruchtstücken füllen. 50 g Schokolade schmelzen lassen. Mit einem angewärmten Teelöffel dünne Schokolinien aufträufeln.